Agenda

Téléphone

Informations sur la personne

Nom ─────────────────

Téléphone ──────────────

E-mail ───────────────

Note ────────────────

───────────────

───────────────

───────────────

───────────────

Informations sur la personne

Nom ———————————————

Téléphone ——————————————

E-mail ——————————————

Note ———————————————

    ——————————————

    ——————————————

    ——————————————

    ——————————————

Informations sur la personne

Nom ─────────────────

Téléphone ─────────────

E-mail ───────────────

Note ────────────────

────────────────────

────────────────────

────────────────────

────────────────────

Informations sur la personne

Nom ——————————————

Téléphone ——————————

E-mail ———————————————

Note ———————————————

    ———————————————

    ———————————————

    ———————————————

    ———————————————

Informations sur la personne

Nom ———————————————

Téléphone ——————————

E-mail ———————————————

Note ———————————————

————————————————————

————————————————————

————————————————————

————————————————————

Informations sur la personne

Nom ———————————————

Téléphone ——————————————

E-mail ————————————————

Note ———————————————

———————————————

———————————————

———————————————

———————————————

Informations sur la personne

Nom ————————————

Téléphone ————————

E-mail ————————————

Note ————————————

    ————————————

    ————————————

    ————————————

    ————————————

Informations sur la personne

Nom ―――――――――――――

Téléphone ―――――――――――

E-mail ―――――――――――――

Note ――――――――――――――

　　　―――――――――――――――

　　　―――――――――――――――

　　　―――――――――――――――

　　　―――――――――――――――

　　　―――――――――――――――

Informations sur la personne

Nom ———————————————

Téléphone ——————————————

E-mail ————————————————

Note ———————————————

———————————————

———————————————

———————————————

———————————————

Informations sur la personne

Nom ————————————————

Téléphone ————————————

E-mail ————————————————

Note ————————————————

————————————————

————————————————

————————————————

————————————————

Informations sur la personne

Nom ——————————————

Téléphone ————————————

E-mail ——————————————

Note ——————————————

———————————————

———————————————

———————————————

———————————————

Informations sur la personne

Nom —————————————

Téléphone ————————————

E-mail —————————————

Note —————————————

 —————————————

 —————————————

 —————————————

 —————————————

Informations sur la personne

Nom ─────────────────

Téléphone ─────────────

E-mail ───────────────

Note ────────────────

───────────────

───────────────

───────────────

───────────────

Informations sur la personne

Nom ————————————————

Téléphone ——————————————

E-mail ———————————————

Note ————————————————

————————————————

————————————————

————————————————

————————————————

Informations sur la personne

Nom ———————————————

Téléphone ——————————

E-mail ——————————————

Note ———————————————

———————————————

———————————————

———————————————

———————————————

Informations sur la personne

Nom ————————————

Téléphone ————————

E-mail ————————————

Note ————————————

————————————

————————————

————————————

————————————

Informations sur la personne

Nom ———————————————

Téléphone ——————————

E-mail ———————————————

Note ———————————————

———————————————

———————————————

———————————————

———————————————

Informations sur la personne

Nom ————————————————

Téléphone ————————————

E-mail ———————————————

Note ————————————————

————————————————

————————————————

————————————————

————————————————

Informations sur la personne

Nom ——————————————

Téléphone ——————————

E-mail ———————————————

Note ——————————————

    ——————————————

    ——————————————

    ——————————————

    ——————————————

Informations sur la personne

Nom ⎯⎯⎯⎯⎯⎯⎯⎯⎯⎯⎯⎯⎯⎯⎯⎯⎯⎯

Téléphone ⎯⎯⎯⎯⎯⎯⎯⎯⎯⎯⎯⎯⎯⎯⎯

E-mail ⎯⎯⎯⎯⎯⎯⎯⎯⎯⎯⎯⎯⎯⎯⎯⎯

Note ⎯⎯⎯⎯⎯⎯⎯⎯⎯⎯⎯⎯⎯⎯⎯⎯⎯

⎯⎯⎯⎯⎯⎯⎯⎯⎯⎯⎯⎯⎯⎯⎯⎯⎯⎯⎯⎯⎯

⎯⎯⎯⎯⎯⎯⎯⎯⎯⎯⎯⎯⎯⎯⎯⎯⎯⎯⎯⎯⎯

⎯⎯⎯⎯⎯⎯⎯⎯⎯⎯⎯⎯⎯⎯⎯⎯⎯⎯⎯⎯⎯

⎯⎯⎯⎯⎯⎯⎯⎯⎯⎯⎯⎯⎯⎯⎯⎯⎯⎯⎯⎯⎯

Informations sur la personne

Nom ———————————————

Téléphone ——————————

E-mail ——————————————

Note ——————————————

———————————————

———————————————

———————————————

———————————————

Informations sur la personne

Nom ——————————————

Téléphone ————————————

E-mail ——————————————

Note ——————————————

    ——————————————

    ——————————————

    ——————————————

    ——————————————

Informations sur la personne

Nom ————————————————

Téléphone ————————————

E-mail ————————————————

Note ————————————————

————————————————

————————————————

————————————————

————————————————

Informations sur la personne

Nom —————————————

Téléphone —————————

E-mail ——————————

Note ——————————

    ——————————

    ——————————

    ——————————

    ——————————

    ——————————

Informations sur la personne

Nom ————————————————

Téléphone ————————————

E-mail ——————————————

Note ———————————————

————————————————————

————————————————————

————————————————————

————————————————————

Informations sur la personne

Nom ————————————————

Téléphone ——————————————

E-mail ——————————————————

Note ——————————————————

    ———————————————————

    ———————————————————

    ———————————————————

    ———————————————————

Informations sur la personne

Nom ———————————————

Téléphone ——————————

E-mail ————————————

Note ————————————

　　　　———————————

　　　　———————————

　　　　———————————

　　　　———————————

Informations sur la personne

Nom ─────────────────

Téléphone ─────────────

E-mail ────────────────

Note ─────────────────

───────────────

───────────────

───────────────

───────────────

Informations sur la personne

Nom ――――――――――――

Téléphone ――――――――――

E-mail ――――――――――――

Note ――――――――――――

――――――――――――

――――――――――――

――――――――――――

――――――――――――

Informations sur la personne

Nom ——————————————

Téléphone ——————————

E-mail ——————————————

Note ——————————————

————————————————

————————————————

————————————————

————————————————

————————————————

Informations sur la personne

Nom ————————————

Téléphone ——————————

E-mail ———————————

Note ————————————

————————————

————————————

————————————

————————————

Informations sur la personne

Nom ————————————

Téléphone ————————

E-mail ————————————

Note ————————————

————————————

————————————

————————————

————————————

Informations sur la personne

Nom ——————————————

Téléphone ——————————

E-mail ———————————

Note ———————————

———————————

———————————

———————————

———————————

Informations sur la personne

Nom ─────────────

Téléphone ─────────

E-mail ──────────

Note ──────────

─────────────

─────────────

─────────────

─────────────

Informations sur la personne

Nom ——————————————

Téléphone ————————————

E-mail ——————————————

Note ——————————————

————————————————

————————————————

————————————————

————————————————

Informations sur la personne

Nom ———————————————

Téléphone ———————————

E-mail ——————————————

Note ——————————————

———————————————

———————————————

———————————————

———————————————

Informations sur la personne

Nom ————————————

Téléphone ——————————

E-mail ————————————

Note ————————————

————————————

————————————

————————————

————————————

Informations sur la personne

Nom ─────────────────────

Téléphone ──────────────

E-mail ──────────────────

Note ────────────────────

───────────────────

───────────────────

───────────────────

───────────────────

Informations sur la personne

Nom ————————————————

Téléphone ————————————

E-mail ————————————————

Note ————————————————

————————————————

————————————————

————————————————

————————————————

Informations sur la personne

Nom ————————————————

Téléphone ————————————

E-mail ————————————————

Note ————————————————

————————————————

————————————————

————————————————

————————————————

Informations sur la personne

Nom ―――――――――――――

Téléphone ―――――――――

E-mail ――――――――――――

Note ―――――――――――――

―――――――――――――

―――――――――――――

―――――――――――――

―――――――――――――

Informations sur la personne

Nom ———————————————

Téléphone ——————————————

E-mail ————————————————

Note ————————————————

————————————————

————————————————

————————————————

————————————————

Informations sur la personne

Nom ─────────────────

Téléphone ─────────────

E-mail ──────────────

Note ──────────────

──────────────

──────────────

──────────────

──────────────

Informations sur la personne

Nom ———————————————

Téléphone ——————————————

E-mail ———————————————

Note ———————————————

———————————————

———————————————

———————————————

———————————————

Informations sur la personne

Nom ——————————————————

Téléphone ————————————————

E-mail ——————————————————

Note ——————————————————

————————————————————

————————————————————

————————————————————

————————————————————

Informations sur la personne

Nom ———————————————

Téléphone ——————————————

E-mail ———————————————

Note ———————————————

———————————————

———————————————

———————————————

———————————————

Informations sur la personne

Nom ———————————————

Téléphone ————————————

E-mail ——————————————

Note ——————————————

       ——————————————

       ——————————————

       ——————————————

       ——————————————

Informations sur la personne

Nom ─────────────────

Téléphone ─────────────

E-mail ───────────────

Note ────────────────

───────────────

───────────────

───────────────

───────────────

Informations sur la personne

Nom ————————————————

Téléphone ——————————————

E-mail ——————————————————

Note ——————————————————

   ————————————————

   ————————————————

   ————————————————

   ————————————————

Informations sur la personne

Nom ———————————————

Téléphone ——————————————

E-mail ———————————————

Note ———————————————

   ———————————————

   ———————————————

   ———————————————

   ———————————————

Informations sur la personne

Nom ─────────────────

Téléphone ─────────────

E-mail ────────────────

Note ─────────────────

─────────────────

─────────────────

─────────────────

─────────────────

Informations sur la personne

Nom ————————————————

Téléphone ——————————————

E-mail ——————————————————

Note ——————————————————

————————————————

————————————————

————————————————

————————————————

————————————————

Informations sur la personne

Nom ————————————

Téléphone ——————————

E-mail ———————————

Note ————————————

————————————————

————————————————

————————————————

————————————————

Informations sur la personne

Nom ————————————

Téléphone ————————

E-mail ————————————

Note ————————————

————————————

————————————

————————————

————————————

————————————

Informations sur la personne

Nom ―――――――――――――

Téléphone ―――――――――――

E-mail ―――――――――――――

Note ―――――――――――――

―――――――――――

―――――――――――

―――――――――――

―――――――――――

―――――――――――

Informations sur la personne

Nom ———————————

Téléphone ———————————

E-mail ———————————

Note ———————————

———————————

———————————

———————————

———————————

Informations sur la personne

Nom ————————————————

Téléphone ——————————————

E-mail ————————————————

Note ————————————————

————————————————

————————————————

————————————————

————————————————

Informations sur la personne

Nom ——————————————

Téléphone ——————————

E-mail ——————————————

Note ——————————————

    ——————————————

    ——————————————

    ——————————————

    ——————————————

Informations sur la personne

Nom ――――――――――――――

Téléphone ――――――――――――

E-mail ―――――――――――――

Note ――――――――――――――

　　　　――――――――――――

　　　　――――――――――――

　　　　――――――――――――

　　　　――――――――――――

　　　　――――――――――――

Informations sur la personne

Nom ————————————

Téléphone ————————

E-mail ————————————

Note ————————————

————————————

————————————

————————————

————————————

————————————

Informations sur la personne

Nom ———————————————

Téléphone ——————————

E-mail ——————————————

Note ———————————————

———————————————

———————————————

———————————————

———————————————

———————————————

Informations sur la personne

Nom ————————————————

Téléphone ————————————

E-mail ———————————————

Note ———————————————

            ————————————————

            ————————————————

            ————————————————

            ————————————————

Informations sur la personne

Nom ─────────────────

Téléphone ─────────────

E-mail ─────────────────

Note ─────────────────

───────────────────

───────────────────

───────────────────

───────────────────

Informations sur la personne

Nom ─────────────────

Téléphone ─────────────

E-mail ────────────────

Note ─────────────────

    ─────────────────

    ─────────────────

    ─────────────────

    ─────────────────

Informations sur la personne

Nom ————————————————

Téléphone ——————————————

E-mail ——————————————————

Note ———————————————————

    ————————————————————

    ————————————————————

    ————————————————————

    ————————————————————

Informations sur la personne

Nom ——————————————

Téléphone ——————————————

E-mail ——————————————

Note ——————————————

——————————————

——————————————

——————————————

——————————————

Informations sur la personne

Nom ―――――――――――――――

Téléphone ――――――――――――

E-mail ――――――――――――――

Note ――――――――――――――

―――――――――――――――

―――――――――――――――

―――――――――――――――

―――――――――――――――

Informations sur la personne

Nom ————————————————

Téléphone ——————————————

E-mail ———————————————

Note ————————————————

————————————————

————————————————

————————————————

————————————————

Informations sur la personne

Nom ─────────────────

Téléphone ─────────────

E-mail ───────────────

Note ────────────────

───────────────────

───────────────────

───────────────────

───────────────────

Informations sur la personne

Nom ─────────────

Téléphone ─────────

E-mail ──────────

Note ────────────

   ─────────────

   ─────────────

   ─────────────

   ─────────────

Informations sur la personne

Nom ———————————————

Téléphone ————————————

E-mail ———————————————

Note ———————————————

———————————————

———————————————

———————————————

———————————————

Informations sur la personne

Nom ───────────────

Téléphone ─────────────

E-mail ──────────────

Note ──────────────

　　　　────────────

　　　　────────────

　　　　────────────

　　　　────────────

Informations sur la personne

Nom ———————————————

Téléphone ————————————

E-mail ———————————————

Note ————————————————

———————————————

———————————————

———————————————

———————————————

———————————————

Informations sur la personne

Nom ——————————————

Téléphone ——————————

E-mail ——————————————

Note ——————————————

——————————————

——————————————

——————————————

——————————————

Informations sur la personne

Nom ——————————————

Téléphone ————————————

E-mail ——————————————

Note ——————————————

————————————————

————————————————

————————————————

————————————————

Informations sur la personne

Nom ———————————————

Téléphone ——————————————

E-mail ——————————————

Note ——————————————

———————————————

———————————————

———————————————

———————————————

Informations sur la personne

Nom ———————————————

Téléphone ——————————————

E-mail ————————————————

Note ————————————————

————————————————

————————————————

————————————————

————————————————

Informations sur la personne

Nom ————————————

Téléphone ————————

E-mail ————————————

Note ————————————

————————————

————————————

————————————

————————————

————————————

Informations sur la personne

Nom ————————————————

Téléphone ——————————————

E-mail ——————————————————

Note ——————————————————

————————————————————

————————————————————

————————————————————

————————————————————

Informations sur la personne

Nom ―――――――――――――――

Téléphone ―――――――――――

E-mail ――――――――――――――

Note ――――――――――――――

―――――――――――――――

―――――――――――――――

―――――――――――――――

―――――――――――――――

Informations sur la personne

Nom ─────────────────

Téléphone ─────────────

E-mail ───────────────

Note ─────────────────

───────────────────

───────────────────

───────────────────

───────────────────

Informations sur la personne

Nom ————————————————

Téléphone ———————————

E-mail ————————————————

Note ————————————————

————————————————

————————————————

————————————————

————————————————

Informations sur la personne

Nom ——————————————

Téléphone ——————————

E-mail ————————————

Note ————————————

————————————————

————————————————

————————————————

————————————————

Informations sur la personne

Nom ─────────────

Téléphone ─────────

E-mail ────────────

Note ─────────────

───────────────

───────────────

───────────────

───────────────

Informations sur la personne

Nom ———————————————

Téléphone ——————————————

E-mail ————————————————

Note ————————————————

———————————————

———————————————

———————————————

———————————————

Informations sur la personne

Nom ————————————

Téléphone ——————————

E-mail ————————————

Note ————————————

————————————————

————————————————

————————————————

————————————————

Informations sur la personne

Nom ———————————————

Téléphone ——————————

E-mail ———————————————

Note ———————————————

———————————————

———————————————

———————————————

———————————————

Informations sur la personne

Nom ———————————————

Téléphone ——————————

E-mail ——————————————

Note ——————————————

———————————————

———————————————

———————————————

———————————————

Informations sur la personne

Nom ————————————————

Téléphone ——————————————

E-mail ——————————————————

Note ———————————————————

————————————————————

————————————————————

————————————————————

————————————————————

————————————————————

Informations sur la personne

Nom ——————————————

Téléphone ——————————

E-mail ——————————————

Note ——————————————

———————————————————

———————————————————

———————————————————

———————————————————

Informations sur la personne

Nom ——————————————

Téléphone ——————————

E-mail ——————————————

Note ——————————————

 ——————————————

 ——————————————

 ——————————————

 ——————————————

 ——————————————

Informations sur la personne

Nom ——————————————

Téléphone ————————————

E-mail ——————————————

Note ——————————————

　　　——————————————

　　　——————————————

　　　——————————————

　　　——————————————

Informations sur la personne

Nom ——————————————

Téléphone ————————————

E-mail ——————————————

Note ——————————————

   ——————————————

   ——————————————

   ——————————————

   ——————————————

   ——————————————

Informations sur la personne

Nom ――――――――――――

Téléphone ――――――――――

E-mail ―――――――――――

Note ―――――――――――――

――――――――――――――

――――――――――――――

――――――――――――――

――――――――――――――

Informations sur la personne

Nom ―――――――――――――――

Téléphone ―――――――――――――

E-mail ―――――――――――――――

Note ―――――――――――――――

　　　―――――――――――――

　　　―――――――――――――

　　　―――――――――――――

　　　―――――――――――――

Informations sur la personne

Nom ————————————————

Téléphone ————————————

E-mail ————————————————

Note ———————————————

———————————————

———————————————

———————————————

———————————————

———————————————

Informations sur la personne

Nom ─────────────────

Téléphone ─────────────

E-mail ───────────────

Note ────────────────

───────────────

───────────────

───────────────

───────────────

Informations sur la personne

Nom ————————————

Téléphone ————————

E-mail ————————————

Note ————————————

————————————

————————————

————————————

————————————

Informations sur la personne

Nom ——————————————

Téléphone ——————————

E-mail ——————————————

Note ———————————————

———————————————

———————————————

———————————————

———————————————

Informations sur la personne

Nom ————————————————

Téléphone ————————————

E-mail ————————————————

Note ————————————————

———————————————————

———————————————————

———————————————————

———————————————————

Informations sur la personne

Nom ─────────────────

Téléphone ─────────────

E-mail ──────────────────

Note ──────────────────

───────────────────

───────────────────

───────────────────

───────────────────

Informations sur la personne

Nom ————————————————

Téléphone ————————————

E-mail ————————————————

Note ———————————————

————————————————

————————————————

————————————————

————————————————

Informations sur la personne

Nom ——————————————

Téléphone ——————————

E-mail ———————————

Note ———————————

———————————

———————————

———————————

———————————

Informations sur la personne

Nom ─────────────

Téléphone ─────────

E-mail ────────────

Note ────────────

─────────────

─────────────

─────────────

─────────────

Informations sur la personne

Nom ————————————————

Téléphone ————————————

E-mail ——————————————

Note ————————————————

————————————————

————————————————

————————————————

————————————————

Informations sur la personne

Nom ───────────────

Téléphone ──────────

E-mail ─────────────

Note ──────────────

───────────────

───────────────

───────────────

───────────────

───────────────

Informations sur la personne

Nom ——————————————

Téléphone ————————————

E-mail ————————————————

Note ——————————————————

    ————————————————

    ————————————————

    ————————————————

    ————————————————

Informations sur la personne

Nom ─────────────────

Téléphone ─────────────

E-mail ───────────────

Note ─────────────────

─────────────────

─────────────────

─────────────────

─────────────────

Informations sur la personne

Nom ───────────────────

Téléphone ───────────────

E-mail ─────────────────

Note ──────────────────

───────────────────

───────────────────

───────────────────

───────────────────

Informations sur la personne

Nom ————————————

Téléphone ————————

E-mail ————————————

Note ————————————

    ————————————

    ————————————

    ————————————

    ————————————

Informations sur la personne

Nom ————————————————

Téléphone ————————————

E-mail ————————————————

Note ———————————————

　————————————————

　————————————————

　————————————————

　————————————————

Informations sur la personne

Nom ——————————————

Téléphone ——————————

E-mail ———————————————

Note ——————————————

———————————————

———————————————

———————————————

———————————————

Informations sur la personne

Nom ————————————————

Téléphone ————————————

E-mail ——————————————

Note ———————————————

————————————————

————————————————

————————————————

————————————————

————————————————

Informations sur la personne

Nom ——————————————

Téléphone ——————————

E-mail ——————————————

Note ——————————————

———————————————

———————————————

———————————————

———————————————

———————————————

Informations sur la personne

Nom ———————————————

Téléphone ——————————————

E-mail ——————————————

Note ——————————————

   ——————————————

   ——————————————

   ——————————————

   ——————————————

Informations sur la personne

Nom ─────────────────

Téléphone ─────────────

E-mail ────────────────

Note ─────────────────

─────────────────────

─────────────────────

─────────────────────

─────────────────────

Informations sur la personne

Nom ───────────────

Téléphone ───────────

E-mail ─────────────

Note ──────────────

───────────────

───────────────

───────────────

───────────────

───────────────

Informations sur la personne

Nom ———————————————

Téléphone ——————————————

E-mail ———————————————

Note ———————————————

   ———————————————

   ———————————————

   ———————————————

   ———————————————

Informations sur la personne

Nom ————————————————

Téléphone ————————————

E-mail ————————————————

Note ————————————————

————————————————————

————————————————————

————————————————————

————————————————————

Printed in France by Amazon
Brétigny-sur-Orge, FR